BEI GRIN MACHT SICH IHF
WISSEN BEZAHLT

- Wir veröffentlichen Ihre Hausarbeit,
  Bachelor- und Masterarbeit

- Ihr eigenes eBook und Buch -
  weltweit in allen wichtigen Shops

- Verdienen Sie an jedem Verkauf

Jetzt bei www.GRIN.com hochladen
und kostenlos publizieren

Bibliografische Information der Deutschen Nationalbibliothek:

Die Deutsche Bibliothek verzeichnet diese Publikation in der Deutschen National-
bibliografie; detaillierte bibliografische Daten sind im Internet über http://dnb.d-
nb.de/ abrufbar.

Impressum:

Copyright © 2017 GRIN Verlag, Open Publishing GmbH
Druck und Bindung: Books on Demand GmbH, Norderstedt Germany
ISBN: 9783668551626

Dieses Buch bei GRIN:

http://www.grin.com/de/e-book/374256/die-rolle-von-serviceorientierten-architek-
turen-im-kontext-von-industrie

Thomas S.

Aus der Reihe: e-fellows.net stipendiaten-wissen

e-fellows.net (Hrsg.)

Band 2588

Die Rolle von serviceorientierten Architekturen im Kontext von Industrie 4.0

Potenzieller Mehrwert durch Nutzung serviceorientierter Konzepte

GRIN Verlag

GRIN - Your knowledge has value

Der GRIN Verlag publiziert seit 1998 wissenschaftliche Arbeiten von Studenten, Hochschullehrern und anderen Akademikern als eBook und gedrucktes Buch. Die Verlagswebsite www.grin.com ist die ideale Plattform zur Veröffentlichung von Hausarbeiten, Abschlussarbeiten, wissenschaftlichen Aufsätzen, Dissertationen und Fachbüchern.

Besuchen Sie uns im Internet:

http://www.grin.com/

http://www.facebook.com/grincom

http://www.twitter.com/grin_com

SEMINAR
FÜR WIRTSCHAFTSINFORMATIK
UND SYSTEMENTWICKLUNG

Hauptseminar Wirtschaftsinformatik

im Sommersemester 2016

Thema Nr. 11

Die Rolle von serviceorientierten Architekturen im Kontext von Industrie 4.0

-

Potenzieller Mehrwert durch Nutzung serviceorientierter Konzepte

Inhaltsverzeichnis

Abkürzungsverzeichnis

CPS   Cyber-physisches System

IIoT   Industrial Internet of Things

IoT   Internet of Things

SOA   Serviceorientierte Architektur

TCO   Total cost of ownserhip

Abbildungsverzeichnis

V

Tabellenverzeichnis

1. Einleitung

1.1 Problemstellung

Der Begriff Industrie 4.0 wurde erstmals 2011 im Rahmen der Hannover-Messe durch die Forschungsunion Wirtschaft - Wissenschaft an die Öffentlichkeit getragen und beschreibt eine Forschungsinitiative der deutschen Bundesregierung zur zunehmenden Digitalisierung von Wirtschaft und Gesellschaft.[1]

Das Ziel von Industrie 4.0 ist es die Produktion so zu gestalten, dass eine intelligente und flexible Wertschöpfungskette realisiert wird. Hierzu ist ein hoher Automatisierungsgrad, eine starke Vernetzung und ein Austausch von Informationen und Daten entlang der einzelnen Komponenten der Wertschöpfungskette notwendig. Eine flexible, agile und zugleich zuverlässige (IT-)Architektur ist als Basis für eine erfolgreiche Umsetzung von Industrie 4.0 notwendig, da eine Vernetzung von heterogenen Komponenten (z. B. Sensoren, Maschinen, Systeme) ohne einheitliche Architektur kosten- und zeitintensiv ist.[2] Ein Beispiel für aufkommende Kosten stellen Integrations-, Umrüstungs- und Wartungssowie die daraus resultierenden Ausfallzeiten dar. Diese Kosten können durch einen einheitlichen Standard reduziert bzw. vermieden werden. Serviceorientierte Architektur (SOA) als modulares und serviceorientiertes Architekturmuster erfüllt die gestellen Anforderungen. Da SOA als Architekturmuster bereits in vielen Domänen verbreitet ist,[3] stellt es eine mögliche Grundlage für die Gestaltung der technologischen Basis für Industrie 4.0 dar und ermöglicht gegebenfalls die Reduzierung der Kosten- und Zeitaufwände für beispielsweise die Rekonfiguration von Maschinen, die Integration von Komponenten oder dem Monitoring und Controlling von Produktionsprozessen oder Komponenten.

Somit wird die Frage aufgeworfen, welche Rolle SOA für Industrie 4.0 spielt und inwiefern diese innerhalb der Unternehmen im Kontext von Industrie 4.0 genutzt werden kann bzw. sollte.

---

[1] Vgl. Drath, Horch (2014), S. 56.

[2] Vgl. zu diesem und den folgenden Satz Candido, Barata, Colombo (2012), S. 1171 sowie Starke, Kunkel, Hahn (2013), S. 1982.

[3] Vgl. Kaur, Harrison, West (2015), S. 2964 und Mendes, Leitao, Colombo (2011), S. 350.

1.2 Zielsetzung

Zum derzeitigen Zeitpunkt gibt es noch keine verbreitete Aussage, welche Rolle SOA für Industrie 4.0 spielt, sodass die Rolle auf Basis aktuell vorhandener Literatur geklärt werden soll. Diese Ausarbeitung geht von der Annahme aus, dass SOA im Kontext von Industrie 4.0 eine Rolle spielen kann und soll aufgrund dessen einen Beitrag zur Klärung folgender Forschungsfrage liefern:

1. Welche Rolle spielt SOA für Industrie 4.0?
    1.1. Für welche Bereiche im Kontext von Industrie 4.0 besitzt SOA eine Relevanz?
    1.2. Welchen Mehrwert bringt SOA für Industrie 4.0?

Ursachen, die das Entwickeln und Belegen einer allgemeingültigen und verbreiteten Aussage über die Rolle von SOA in Industrie 4.0 verhindern, finden sich überwiegend in zeitlichen Aspekten wieder. Der Prozess zur Erarbeitung wissenschaftlicher Arbeiten, insbesondere solcher, die durch weitere Experten begutachtet werden, ist sehr langwierig, so dass die themenrelevante Literatur in diesem neuen Forschungsgebiet gegenwärtig noch sehr gering ist. Jedoch ist eine ausreichende Basis an wissenschaftlichen Arbeiten notwendig, um die Rolle von SOA im Umfeld von Industrie 4.0 zu evaluieren und eine Aussage treffen zu können.

Eine Auseinandersetzung mit vorhandener Literatur zum Zusammenhang zwischen SOA und Industrie 4.0 kann eine Antwort auf die Rolle von SOA im Kontext von Industrie 4.0 liefern und einen Beitrag dazu leisten, die Kosten- und Zeitaufwände in zukünftigen Industrie 4.0 Architekturen zu reduzieren.

1.3 Aufbau der Arbeit

Die Arbeit gliedert sich in fünf Kapitel. Während innerhalb dieses Kapitels die Problemstellung und die Zielsetzung der Arbeit erläutert wurde, werden im zweiten Kapitel die Grundlagen in Form einer Begriffsdefinition für SOA und Industrie 4.0 gelegt. Anschließend erfolgt im dritten Kapitel die Dokumentation der als Kern dieser Arbeit durchgeführten Literaturrecherche mit anschließender Auswertung der relevanten Ergebnismenge (Kapitel 4). Im letzten Kapitel (Kapitel 5) werden die Ergebnisse der Arbeit kritisch betrachtet und weiterer Forschungsbedarf aufgezeigt.

2. Begriffsdefinitionen

2.1 Industrie 4.0

Der Begriff Industrie 4.0 beschreibt die sogenannte vierte industrielle Revolution. Für ein gesamtheitliches Begriffsverständnis ist eine historische Einordung der drei vorhergehenden Revolutionen notwendig.

Die Erfindung der Dampfmaschine und die damit einsetzende Einführung von Wasser- und Dampfkraft in Fabriken gegen Ende des 18. Jahrhunderts wird als die erste industrielle Revolution verstanden.[4] Die zweite industrielle Revolution Anfang des 20. Jahrhunderts ist durch die Einführung von Elektrizität als Antriebskraft und der damit einhergehenden Nutzung von Fließbändern zur arbeitsteiligen Massenproduktion geprägt.[5]

Der ab 1970 zu beobachtende steigende Einsatz von Elektronik und IT im Bereich der Produktion zur Automatisierung der Fertigung wird als die dritte industrielle Revolution bezeichnet. Nachdem die dritte industrielle Revolution bereits einige Jahrzehnte zurückliegt, wurde durch die Forschungsinitiative Industrie 4.0 der Bundesregierung der Begriff der vierten industriellen Revolution geprägt. Zum derzeitigen Zeitpunkt existiert keine allgemeingültige und verbreitete Definition zu Industrie 4.0. Im Wesentlichen wird unter dem Begriff die zunehmende Digitalisierung des Produktionsumfeldes verstanden, die sich durch eine verstärkte Verknüpfung von Produkten mit Informations- und Kommunikationstechnik über alle industriellen Prozesse auszeichnet. Grundlage für die Digitalisierung des Produktionsumfeldes bildet die Maschine zu Maschine- sowie Mensch zu Maschine-Interaktion (Cyber-physisches System (CPS)), die eine Vernetzung von Kunden- und Maschinendaten voraussetzt.

Wiesmüller (2014) definiert CPS wie folgt: „Cyber Physical System bezeichnet die Durchdringung physisch-mechanischer mit informationstechnischen Systemen zu kom-

---

[4] Vgl. Bauernhansl, Ten Hompel, Vogel-Heuser (2014), S. 346.

[5] Vgl. zu diesem und folgenden Satz Bauer u. a. (2014), S. 10.

plexen Verbünden von Hard- und Software-basierten digitalen Komponenten mit mechanischen oder elektronischen Teilen, die über ein Netzwerk autonom miteinander kommunizieren.“[6]

Diese Entwicklung fördert intelligente und selbststeuernde Prozesse über die gesamte Wertschöpfungskette hinweg und erlaubt es den Anforderungen an kundenspezifischen Wünschen und einer flexiblen Produktion gerecht zu werden.[7] Ein zusammenfassender Überblick der Revolutionen kann der nachfolgenden Abbildung 2-1 entnommen werden.

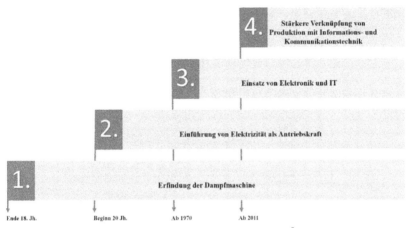

Abb. 2-1: Stufen der industriellen Revolution[8]

Beim Begriff Industrie 4.0 handelt es sich um einen medienwirksamen Namen, der überwiegend im deutschsprachigen Raum Verwendung findet. Dieser stellt einen Sammelbegriff für eine Reihe von Konzepten und Technologien dar, die unter anderem dem Industrial Internet of Things (IIoT) als Teilbereich des Internet of Things zuzuordnen sind.[9] Hierunter fallen beispielsweise Cyber-Physikalische Systeme (CPS), Smart Factory.[10]

---

[6] Vgl. Wiesmüller (2014), S. 197.

[7] Vgl. Dürkop u. a. (2014), S. 1 und Ollinger, Schlick, Hodek (2011), S. 5231.

[8] Darstellung in Anlehnung an Spath u. a. (2013), S. 23.

[9] Vgl. Popescu (2015), S. 86-88.

[10] Vgl. Bauer u. a. (2015), S. 10.

5

Abbildung 2-2 verdeutlicht diese Zusammenhänge und zeigt darüber hinaus weitere Teil-
bereiche von Industrie 4.0 auf. Da das IIoT einen Teilbereich des Internet of Things (IoT)
bildet und oftmals nur die Rede von dem IoT ist, wird zu Gunsten der Simpliztät auf eine
Unterscheidung der beiden Begriffe verzichtet.

Abb. 2-2: Industrie 4.0 Konzepte & Technologien[11]

2.2 Serviceorientierte Architektur

Das Konzept der serviceorientierten Architektur stellt keine eigenständige, standardi-
sierte Architektur dar, sondern eine Reihe von Mustern und Paradigmen, die während der
Entwurfsphase bis hin zur Konzeptionierung von Softwarearchitekturen beachtet werden
sollten. Der fehlende Technologiebezug hat zur Folge, dass bisher in Wirtschaft und Wissenschaft keine allgemeingültige und akzeptierte Definition vorzufinden ist. Im Folgenden werden zwei unterschiedliche Definitionen vor- und gegenübergestellt, um einen ein-
leitenden Überblick über serviceorientierte Architekturen zu vermitteln. Gartner, einer
der führenden Marktforschungsanalysten in der IT, hat 1996 erstmalig den Begriff SOA

---

[11] Eigene Darstellung in Anlehnung an Bauer u. a. (2015), S. 22 und Posada u. a. (2015), S. 29-30.

verwendet, weshalb an dieser Stelle auf die Definition von SOA nach Gartner verwiesen wird:[12]

„Service-oriented architecture (SOA) is a design paradigm and discipline that helps IT meet business demands. Some organizations realize significant benefits using SOA including faster time to market, lower costs, better application consistency and increased agility. SOA reduces redundancy and increases usability, maintainability and value. This produces interoperable, modular systems that are easier to use and maintain. SOA creates simpler and faster systems that increase agility and reduce total cost of ownership (TCO)."[13]

Gartner definiert SOA also als ein Architekturmuster, das Unternehmen erlauben soll Produkte schneller auf dem Markt zu veröffentlichen, bei gleichzeitiger Reduzierung der Kosten, einer verbesserten Konsistenz sowie einer gesteigerten Agilität. Ein weiterer Fokus liegt auf der gesteigerten Interoperabilität zwischen unterschiedlichen Anwendungssystemen. Eine weitere, oft zitierte Definition in der Fachliteratur, lautet wie folgt:

„SOA ist ein Architekturmuster, das den Aufbau einer Anwendungslandschaft aus einer einzelnen fachlichen, das heißt geschäftsbezogenen Komponente beschreibt. Diese sind lose miteinander gekoppelt, indem sie einander ihre Funktionalität in Form von Services anbieten."[14]

Diese Definition versteht SOA als Architekturmuster, das aus einer fachlichen Perspektive heraus entwickelt wird. Ein Prinzip, welches nach dieser Definition zu beachten ist, ist das lose Koppeln von modularen Komponenten. Diese lose Kopplung erlaubt eine erhöhte Flexibilität und einen verringerten Wartungsaufwand. Eine Gegenüberstellung der vorgestellten Definitionen macht deutlich, dass beide Definitionen im Kern die gleichen Aussagen treffen. Sowohl das Verständnis von SOA als ein Architekturmuster, als auch der modulare Aufbau (samt loser Kopplung) und die damit einhergehende Flexibilität bilden die wesentlichen Kernaussagen der Definitionen. Diese bilden auch die zentralen Anforderungen von Unternehmen an eine SOA.[15]

---

[12] Vgl. Mandl (2012), S. 119.

[13] Vgl. Gartner Inc. o. J..

[14] Vgl. Humm, Voss, Hess (2006), S. 396.

[15] Vgl. Humm, Voss, Hess (2006), S. 396.

7

Eine SOA kann in drei wesentliche Bestandteile zerlegt werden, die Service-Anbieter und -Konsumenten, sowie die Services selbst. Ein Service-Anbieter kann sowohl eine Menge von Services anbieten als auch Services konsumieren. Im Kontext einer SOA werden Services als implementierte, funktionale Dienstleistung einer Anwendung oder Anwendungslandschaft, die beispielsweise eine gewisse Funktionalität den Konsumenten zur Verfügung stellt, verstanden. Das Identifizieren verfügbarer Services erfolgt durch die sogenannte „Service Discovery". Das Konsumieren und Verknüpfen von Services erfolgt z. B. über Webservices. Das Verknüpfen (sog. „Service Composition") von unterschiedlichen (Basis-)Services zu komplexeren Services erlaubt das Bereitstellen grundlegender, neuer Funktionalitäten, welche die Flexibilität von Unternehmen sichern, um den Bedingungen schnell verändernder Märkte gerecht zu werden.[16] Die in Abbildung 2-3 dargestellte Grafik, stellt den exemplarischen Aufbau einer SOA dar.

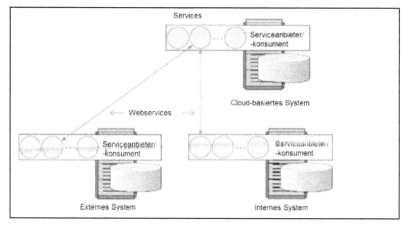

Abb. 2-3: Exemplarischer Aufbau einer SOA[17]

---

[16] Vgl. zu diesem Absatz Barry (2013), S. 31-32.

[17] Vgl. Barry (2013), S. 32.

8

3. Systematische Literaturrecherche

3.1 Methodisches Vorgehen

Der zentrale Bestandteil dieser Arbeit ist eine systematische Literaturrecherche. Auf Grundlage einer initialen Schlagwortsuche zum Begriff „Industrie 4.0" in Zusammenhang mit „SOA", kann festgestellt werden, dass nur eine geringe Anzahl potenzieller Publikationen für eine weitere Aufarbeitung in der Ergebnismenge vorhanden ist.[18] Dies liegt daran, dass Industrie 4.0, wie vorhergehends, erwähnt eher als marketingwirksamer Name zu sehen ist. Für diese Arbeit wurde daher der Fokus auf eine Auswahl der in einer Industrie 4.0 verwendeten Ideen, Konzepte und Technologien gelegt. Dahingehend wurde für eine systematische Literaturrecherche die in Tabelle 3-1 dargestellten Schlagworte identifiziert (Spalte 2 „Industrie 4.0"). Da SOA in der Literatur in der Schreibweise abweicht, wurden verschiedene Schreibweisen als Schlagworte verwendet. Die Abkürzung „SOA" als Schlagwort entfällt bewusst, da der Begriff in der Regel mindestens einmal in ausgeschriebener Form innerhalb einer Publikationen verwendet wird.

Um eine große Bandbreite an wissenschaftlichen und akademischen Publikationen abzudecken, werden die wissenschaftlichen Datenbanken ACM Digital Library (ACMDL), AIS Electronic Library (AISEL), EBSCOHost, IEEE Xplore, Science Direct und ProQuest im Rahmen der Literaturrecherche durchsucht.

Durch eine boolesche Kombination der in Tabelle 3-1 dargestellten Schlagworte aus der Spalte „SOA" mit denen aus der Spalte „Industrie 4.0", werden für jede Datenbank Suchstrings generiert und anhand derer die Recherche durchgeführt (siehe Anhang für verwendete Suchstrings).[19] Da der zeitliche Rahmen dieser Seminararbeit keine vollständige und qualitativ hochwertige Auswertung aller Schlagworte aus der Spalte „SOA" zulässt, werden im Nachfolgenden nur die kursiv formatierten Schlagworte in den Suchstrings berücksichtigt. Eine Besonderheit ist die Einschränkung des Suchzeitraums auf Publika-

---

[18] Initiale Suche in IEEE Xplore ergab 25 Treffer. Suchen in den Datenbanken ProQuest und ScienceDirect ergaben keine Treffer.

[19] Durch die Begrenzung der Anzahl an Suchbegriffe in IEEE Xplore, musste der Suchstring in 3 separate Strings aufgeteilt werden.

9

tionen, welche ab 2011 erschienen sind, da wie eingehens erwähnt, erst ab diesem Zeit-punkt der Begriff „Industrie 4.0" einer breiten Masse kommuniziert wurde und folglich erst ab diesem Zeitpunkt Publikationen von Interesse sind.

SOA	Industrie 4.0
Service-oriented	*Smart*
Serviceoriented	*Smart industry*
Service oriented	*Smart industries*
	Smart factory
	Smart production
	Smart logistics
	Smart objects
	Smart mobility
	Embedded systems
	Internet of things
	IoT
	Industrie 4.0
	Industry 4.0
	I40
	4. Industrial Revolution
	4th Industrial Revolution
	Fourth Industrial Revolution
	Cyber-physical Systems
	Automated Production
	Automated Manufacturing
	Automation

Tab. 3-1: Schlagworte zur Generierung der Suchstrings

Eine Einschränkung auf Publikationen, welche einen Peer-Review-Prozess durchlaufen haben, wird bewusst zu Lasten der Qualität nicht getroffen. Begründet wird diese Ent-scheidung damit, dass der Prozess i. d. R. sehr langwierig ist und durch die Aktualität des Forschungsgebietes sowie die Betrachtung ab 2011 viele aktuelle Pubikationen diesen Prozess noch nicht durchlaufen haben können. Weitere Kriterien für den Ausschluss von Publikationen aus der relevanten Treffermenge sind ein zu technischer Fokus oder zu spezialisierte Fallstudien sowie nicht allgemein übertragbare Konzepte. Aus diesen Einschränkungen ergeben sich die in der nachfolgenden Tabelle dargestellte In- und Out-Kriterien.

In-Kriterien	Out-Kriterien
Publikation nach 01.01.2011	Technischer Fokus
Relevanz in Abstract, Title oder Keywords	Spezifische Realisierungskonzepte/Fallstudien
Zeitschriftenartikel (Journal Article) oder Konferenzbeiträge (Conference Proceedings)	Keine wissenschaftlichen Qualitätskriterien (Newspaper, Thesis etc.)

Tab. 3-2: In- und Out-Kriterien

Die Auswertung der gefundenen Publikationen in Bezug auf ihre Relevanz und den Beitrag zur Klärung der Forschungsfrage erfolgt in mehreren kleinen Iterationsschritten, da im Vorfeld der Recherche weder eine Aussage über Quantität noch Qualität der zu erwartenden Treffermenge möglich ist:

1. Durchführung der Suche anhand der generierten Suchstrings sowie die Gruppierung aller gefundenen Treffer nach verwendeter Datenbank in einer gemeinsamen Übersicht
2. Eliminierung von Dubletten
3. Sichtung von Title, Abstract und Keywords der Publikationen bezüglich der Relevanz zum Thema sowie die Eliminierung irrelevanter Publikationen anhand dieser Kriterien
4. Eliminierung von ungeeigneten Publikationen, die den Anforderungen an wissenschaftliches Arbeiten nicht gerecht werden (Newspaper etc.)
5. Dritte detailliertere Sichtung der Publikationen bezüglich der Relevanz zur Klärung der Forschungsfrage sowie Eliminierung irrelevanter Publikationen
6. Analyse der Publikationen nach Industrie 4.0 Schlagwörtern sowie die Rolle von SOA im Umfeld der Schlagwörter. Anschließende Einordnung der Publikationen nach den Industrie 4.0 Schlagwörtern

3.2 Durchführung der Recherche

Die systematische Literaturrecherche wurde auf Grundlage des zuvor erläuterten metho-
dischen Vorgehens durchgeführt. Im ersten Iterationsschritt konnten somit 457 Publikationen identifiziert werden. Nach der Eliminierung der Dupletten im zweiten Iterationsschritt konnte die Ergebnismenge auf 363 potenzielle Publikationen verringert werden.
Diese Menge konnte im nachfolgenden Iterationsschritt auf 28 Publikationen beschränkt
werden. Es ist aufgefallen, dass viele Publikationen ausgeschlossen werden mussten aufgrund ihres fehlenden Bezuges auf die definierten Industrie 4.0 Schlagwörter. Hierbei
mussten insbesondere Publikationen aus dem Bereich Smart Home und Smart Grid aus
der Treffermenge entfernt werden. Im vierten Iterationsschritt konnte die Anzahl auf 27
potenziell relevante Publikationen reduziert werden sowie um weitere 13 Publikationen
im nachfolgenden fünften Iterationsschritt. Innerhalb dieses Iterationsschrittes sind überwiegend Publikationen entfernt worden, die einen zu technischn Fokus auf ihre Ergebnisse setzten oder keinen Bezug auf die definierten Industrie 4.0 Keywords im Volltext
aufwiesen.

Somit konnte eine abschließende Treffermenge von 14 Publikationen identifziert werden,
die sowohl einen Bezug auf SOA und Industrie 4.0 als auch eine Relevanz für die Klärung
der Forschungsfrage aufweisen. Diese gilt es nun im sechsten Iterationsschritt in Kapitel
4 zu betrachten. Eine vollständige Auflistung der einzelnen Ergebnisse der Iterations-
schritte 1 bis 5 kann der nachfolgenden Tabelle entnommen werden.

	ACM DL	AI-Sel	EBSCOHost	IEEE Xplore	ProQu-est	Science-Direct	Gesamt
1. Iteration	38	5	29	209	130	46	457
2. Iteration	23	4	22	179	108	27	363
3. Iteration	1	0	2	15	3	6	28
4. Iteration	1	0	2	14	3	6	27
5. Iteration	1	0	0	8	3	2	14

Tab. 3-3: Trefferverteilung je Iterationsschritt

4. Auswertung der Literaturrecherche

Die Analyse der relevanten Publikationen, welche im Rahmen des sechsten Iterationsschrittes erfolgte, zeigte, dass die relevanten Publikationen drei unterschiedlichen SOA Schlagwörtern zugeordnet werden können. Die Zuordnung der 14 Publikationen lässt sich wie folgt aufschlüsseln:

- 2/14 Publikationen widmen sich dem Konzept der Smart Factory
- 3/14 Publikationen betrachten Smart Objects
- 9/14 Publikationen zeigen den Einsatz von Embedded Systems im Umfeld der digitalen Industrie auf

Diese Aufteilung bildet die Grundlage für die Auswertung der Literaturrecherche. Innerhalb der Gruppierungen werden die einzelnen Begriffe und Konzepte von Smart Factory, Smart Objects und Embedded Systems aufgezeigt sowie die einzelnen Perspektiven und Domänen in denen SOA Einsatz findet erläutert.

Aufbauend auf den Ergebnissen dieses Kapitels, wird im nachfolgenden Kapitel eine übergreifende Aussage über die Rolle von SOA im Umfeld von Industrie 4.0 getroffen.

4.1 SOA als Basis für das Konzept der Smart Factory

Die digitale und vernetzte Smart Factory ist eines der zentralen Konzepte der Industrie 4.0. Die Smart Factory zeichnet sich dadurch aus, dass alle Komponenten einer Produktionslandschaft, wie Produktionsanalagen, Montage- und Förderbänder sowie Rohmaterialien mit Infomations- und Kommunikationstechnologie ausgestattet werden. Dies ermöglicht den Komponenten die automatische Identifikation, eigenständige Durchführung von Berechnungen sowie den komponentenübergeifenden Austausch von Informationen. Durch diese Digitalisierung der Komponenten der Produktionslandschaft, bildet das Konzept der Smart Factory ein vielversprechendes Konzept des IoT.[20] Für die Umsetzung sind neben den erforderlichen Schlüsseltechnologien, wie Industrial-Cloud-Technologies, Industrial-Big-Data, Industrial-Wireless-Networks und Maschine-zu-Maschine-

---

[20] Vgl. Loskyll u. a. (2012), S. 738.

13

Kommunikation insbesondere auch neue Architekturen notwendig, die eine erhöhte Flexibilität, Interoperabilität sowie Kontrolle der vorhandenen Komponenten ermöglichen sollen.[21] SOA stellt eine vielversprechende Möglichkeit dar, um den genannten Anforderungen gerecht zu werden.

Die einzelnen Anwendungsbereiche, in denen SOA vorzufinden ist, können je nach vorliegender Domäne und Perspektive innerhalb einer Smart Factory unterschiedlich sein. SOA kann als Basis für neue Kontrollsysteme dienen. Diese stellen hohe Anforderungen an die Anpassbarkeit der Produktionsprozesse.[22] Um diesen gerecht zu werden, erfordert es eine effiziente Service-Discovery, einer Selektion von Services auf Basis von Kontextinformationen sowie einer dynamische Orchestrierung der zu konsumierenden Services. Ein Service repräsentiert in diesem Kontext eine gekapselte, mechanische Funktionalität (bspw. das Befüllen einer Fasche), die mithilfe von Webservice-Technologien aufgerufen werden kann Die Kapselung von einzelnen Kontrollfunktionen sowie die Bereitstellung und Austausch von Kontextinformationen über den gegenwärtigen Status einer jeden Komponente, hat einen erheblichen Einfluss auf die Flexibilität und Produktivität von Smart Factories. Dies resultiert aus der Untergliederung von Geschäftsprozessen in einzelne technische Subprozesse sowie der verbesserten Service-Discovery zur Laufzeit. Weiterhin ist eine dezentrale Ausführung und Kontrolle des Produktionsprozesses durch das Hinterlegen einer abstrakten Prozessbeschreibung im Produkt denkbar[23]

Die Verwendung von SOA in einer Smart Factory reduziert somit signifikant den Aufwand für Integration und Programmierung von Automatisierungskomponenten und führt zu einer verbesserten Komposition und Kontrolle von Produktionsprozessen.[24] Diese Vorteile sind auf die Standardisierung und Kapselung von mechatronischen Funktionen im Rahmen einer SOA zurückzuführen.

---

[21] Vgl. Yue u. a. (2015), S. 1263-1267 und vgl. Loskyll u. a. (2012), S. 738.

[22] Vgl. zu diesem und den drei folgenden Sätzen Loskyll u. a. (2012), S. 737.

[23] Vgl. Loskyll u. a. (2012), S. 738-739.

[24] Vgl. zu diesem Absatz Loskyll u. a. (2012), S. 742 und Yue u. a. (2015), S. 1263.

14

4.2 SOA als Basis für Smart Objects

Smart Objects repräsentieren innerhalb einer Produktionslandschaft Betriebsmittel, die mithilfe von Informations- und Kommunikationstechnologie (bspw. Radio-Frequency-Identification-Transpondern) „smart" gemacht wurden.[25] Dazu zählen bspw. Komponenten einer Produktionslandschaft, die über Kommunikations-, Sensor- oder Rechenfähigkeiten verfügen. Weitere Anwendungsbereiche finden sich häufig in Global Supply Chain Management-Systemen sowie im Monitoring.[26] Letztendlich sind es aber nicht die Technologien, die die Objekte „smart" machen, sondern die Art und Weise wie die Geräte untereinander, mit externen Systemen aber auch mit dem Menschen interagieren.[27]

SOA als serviceorientierte IoT-Architektur ist notwendig, um die Grundlagen für die Umsetzung der genannten Interaktionsparadigmen zu errichten.[28] Eine mögliche Implentierung dieses Konzeptes sieht eine SOA getriebenen Architektur vor. Diese Architektur baut sich aus Smart Gateways und serviceorientierten Agents zusammen.[29] Ein Smart Gateway ist eine Plattform, die für die Interaktion und Verwaltung der verbundenen Smart Objects zuständig ist.[30] Die Vorteile dieser Plattform liegen zum einen in der Skalierbarkeit, die ohne die Beinträchtigung der Funktionalität das Hinzufügen und Entfernen von Smart Objects ermöglicht. Zum anderen wird die Flexibilität und Anpassbarkeit von Smart Objects an unterschiedliche Prozesse erhöht. Agents kapseln eine Vielzahl von unterschiedlichen Smart Objects, die zu einem Smart Gateway verbunden sind. Ein Anwendungsfall dieses Konzeptes sieht es vor, dass genau überwacht wird, wann und an welcher Montagestation ein Arbeiter ankommt, um basierend auf diesen Daten einen individualisierter Montageplan bereitstellen zu können.

---

[25] Vgl. Schreiber u. a. (2013), S. 1.

[26] Vgl. Xu u. a. (2013), S. 395-396.

[27] Vgl. Schreiber u. a. (2013), S. 1 und vgl. Xu u. a. (2013), S. 401.

[28] Vgl. Schreiber u. a. (2013), S. 3 und vgl. Xu u. a. (2013), S. 401.

[29] Vgl. Zhang u. a. (2011), S. 1337.

[30] Vgl. zu diesem und den vier folgenden Sätzen Zhang u. a. (2011), S. 1341-1342.

Eine weitere Umsetzung einer SOA im Umfeld von Smart Objects findet sich im Notfall-
betrieb einer Produktionslandschaft.[31] Die Implementierung eines solchen Architektur-
konzeptes zeigt insbesondere in einer verbesserten Ressourcenallokation und Kommunikation der Rettungskräfte sowie einer gesteigerten Reaktionsgeschwindigkeit und Trans-
parenz des Katastrophenhergangs seine Vorteile auf. Diese resultieren aus dem Sammeln,
Austauschen und Auswerten von Daten durch Smart Objects im Rahmen einer serviceorientierten IoT-Architektur.

4.3   SOA im Umfeld von Embedded Systems

Die Kategorie der Embedded Systems kann in unterschiedlichen Domänen vorgefunden
werden, unter anderem auch in Fertigungssystemen. [32] Eigenschaften, die ein Embedded
System auszeichnen, sind eine hohe Lebensdauer, Anforderungen an einen geringen Ge-
wichts- und Energieverbrauch sowie eine kompakte Größe. Embedded Systems interagieren nicht direkt mit der physischen Welt, es erfolgt jedoch eine indirekte Interaktion
in Form von Monitoring und Kontrolle von physischen Prozessen. [33] Aufgrund dessen
finden sich diese oftmals in Smart Sensors wieder. Die Verbreitung von Embedded Systems, die mit dem Internet verbunden sind, nimmt stetig zu. Zurückzuführen ist diese
Entwicklung auf die zunehmende Verbreitung von IoT im industriellen Sektor. Gleich-
zeitig ist ein Anstieg der Komplexität und Anforderungen an die Interoperabiliät von Embedded Systems erkennbar.[34]

Die Bewältigung dieser Herausforderugen erfordert neue Architekturkonzepte, die die
notwendigen Grundlagen schaffen, um immer komplexere Embedded Systems in eine
immer komplexer werdende Umwelt erfolgreich zu integrieren. [35] SOA, welches oft im

---

[31] Vgl. zu diesem Absatz Xu u. a. (2013), S. 401-402.

[32] Vgl. zu diesem und den folgenden Satz Wan und Alagar (2011), S. 687 sowie Maciá-Pérez u. a. (2011),
S. 724.

[33] Vgl. zu diesem und den folgenden drei Sätzen Pereira u. a. (2013), S. 518.

[34] Vgl. zu Newman und Kotonya (2015), S. 161.

[35]Vgl. zu diesem und den drei folgenden Sätzen Rodrigues u. a. (2011), S. 733 sowie Villaseñor Herrera
u. a. (2011), S. 2681.

Umfeld von betrieblichen Anwendungssystemem vorzufinden ist, wird auch für Embedded Systems vorgeschlagen. Hierbei steht der Wande vonl einer zentralen hin zu einer servicorientierten Architektur bis auf die unterste Ebene im Vordergrund. Innerhalb einer solchen Architektur werden Embedded Systems eingesetzt, um das Umsetzen von Kontroll- und Automatisierungsaufgaben in Echtzeit zu ermöglichen. Eines der zentralen Konzepte einer SOA, welches hierzu notwendig ist, ist die Service Choreography.[36] Im Gegensatz zur Service Orchestration sieht dieser Ansatz vor, dass jedes Gerät innerhalb eines Produktionsprozesses einen lokalen Ausführungsplan besitzt und diesen befolgt. Es erfolgt somit keine Kontrolle durch eine zentrale Instanz. Lediglich die Erstellung der statischen, lokalen Pläne erfolgt durch eine zentrale Instanz. Resultat dieser Herangehensweise ist der Austausch von Informationen in Echtzeit in einer verteilten Service Choreography.

Weitere Anwendungsbereiche von SOA liegen in der Netzwerküberwachung durch Smart Sensors.[37] Smart Sensors werden in einem Netzwerkverbund eingesetzt, um Eindringlinge innerhalb eines Netzwerkes zu erkennen und notfalls Alarm zu schlagen. Hierzu analysieren Smart Sensors den Traffic innerhalb des Netzwerkes dezentral und tauschen die gewonnen Informationen mit den anderen Teilnehmern im Verbund über Services aus. Die Kernelemente einer SOA finden sich hier in der Kapselung, Bereitstellung und Konsumierung der Funktionalitäten durch Services.

Ausgehend von den betrachteten Anwendungsbereichen ergeben sich unterschiedliche Nutzen, die aus dem Einsatz von SOA resultieren.[38] SOA führt zu einer verbesserten Wiederverwendbarkeit und Wartbarkeit der Systeme, einem hohen Abstraktionsgrad sowie einer gesteigerten Interoperabilität zwischen Embedded Systems und betrieblichen Informationssystemen, welche aus der Implementierung von Standards (bspw. Web Service-Technologien) und interaktiven Schnittstellen resultiert. Weiterhin wird die Anbindung ressourcenaufwendiger Services von leistungsstarken Servern in einem ressourcenarmen Umfeld vereinfacht.

---

[36]Vgl. zu diesem und den vier folgenden Sätzen Kothmayr u. a. (2014), S. 1.

[37] Vgl. zu diesem Absatz Maciá-Pérez u. a. (2011), S. 730-731.

[38] Vgl. zu diesem Absatz Rodrigues u. a. (2011), S. 734 und Pereira u. a. (2013), S. 518

17

5. Fazit und Disskussion

Das Ziel der vorliegenden Seminararbeit war es, die Rolle von serviceorientierten Architekturen im Kontext von Industrie 4.0 anhand von SOA zu betrachten. Im Rahmen der Auswertung der relevanten Publikationen, konnte die Relevanz von SOA für Smart Factory, Smart Objects und Embedded Systems für verschiedene Anwendungsbereiche aufgezeigt werden. Überschneidungen, die innerhalb der Anwendungsbereiche identifiziert wurden, zeigen, dass SOA eine hohe Relevanz für die Implementierung von Kontroll- und Monitoringprozessen innerhalb einer Industrie 4.0 besitzt. Grundlage für alle Anwendungsbereiche bildet das Kapseln und Bereitstellen von mechatronischen Funktionalitäten in Services auf Basis einer SOA. Es konnte festgestellt werden, dass der Einsatz von SOA die Integration und Interoperabilität der Komponenten innerhalb einer Industrie 4.0 verbessert. Weiterhin wird die Flexibilität und Produktivität der Feritgungsprozesse gesteigert. Somit konnten die Forschungsfragen 1.1 und 1.2 im Rahmen dieser Seminararbeit beantwortet werden. Eine Beantwortung der übergeordneten Forschungsfrage ist aufgrund des gesetzten Fokus auf Smart Factory, Smart Objects und Embedded Objects nur bedingt möglich. Ausgehend von den gewonnenen Erkenntnissen kann vermutet werden, dass diese auch für die übergeordnete Forschungsfrage herangezogen werden können. Um dies zu bestätigen ist jedoch eine umfangreichere Literaturrecherche notwendig, die beispielsweise durch die Einbeziehung der weiteren Industrie 4.0 Schlagwörter aus Tabelle 3-1 erfolgen könnte.

Eine weitere Limitation dieser Seminararbeit findet sich in der Anzahl der relevanten Publikationen, die zum einen aus dem gesetzten Fokus auf Smart Factory, Smart Objects und Embedded Objects resultiert und zum anderen aus den gewählten In- und Out-Kriterien. Eine Ausweitung des Suchzeitraums könnte die Treffermenge erheblich steigern. Dies sollte ohne einen Qualitätsverlust möglich sein, weil die verwendeten Konzepte und Technologien in Industrie 4.0 bereits vor 2011 in wissenschaftlichen Publikationen betrachtet wurden und das Konzept der Industrie 4.0, wie bereits zu Anfang erläutert, auch kein grundlegend neues darstellt.

Weiterhin wurde am Rande der Auswertung der systematischen Literaturrecherche festgestellt, dass die Treffermenge eine Vielzahl an Publikationen enthielt, die den Einsatz von SOA im Umfeld von Smart Home und Smart Grid betrachten und Schnittmengen in den verwendeten Konzepten und Technologien der Industrie 4.0 aufweisen. Für zukünftige Arbeiten könnten diese in die Auswertung der Literaturrecherche miteinbezogen werden, um einen möglichen Beitrag zur Beantwortung der Forschungsfrage zu leisten.

Abschließend ist festzuhalten, dass SOA aufgrund der gesteigerten Flexbilität, Interoperabilität und Anpassbarkeit einen Beitrag dazu liefern kann, die Kosten- und Zeitaufwände für zukünftige Industrie 4.0 Architekturen zu reduzieren.

Literaturverzeichnis

Barry (2013)

Douglas K. Barry : Web Services, Service-Oriented Architectures, and Cloud Computing. o.O. 2013

Bauer u. a. (2014)

Wilhelm Bauer, Sebastian Schlund, Dirk Marrenbach, Oliver Ganschar: Industrie 4.0 – Volkswirtschaftliches Potenzial für Deutschland. Berlin - Stuttgart 2014

Bauernhansl, Ten Hompel, Vogel-Heuser (2014)

Thomas Bauernhansl, Michael Ten Hompel, Birgit Vogel-Heuser: Industrie 4.0 in Produktion, Automatisierung Und Logistik. Anwendung· Technologien· Migration. o.O. 2014

Candido, Barata, Colombo (2012)

Goncalo Candido, Jose Barata, Armando W. Colombo: Service-Oriented Infrastructure at Device Level to Implement Agile Factories. In: IEEE (Hrsg.): International Conference on Systems, Man, and Cybernetics (SMC 2012), October 14 - 17, 2012. Seoul, South Korea. o.O. 2012, S. 1171-1176

Drath, Horch (2014)

Rainer Drath, Alexander Horch: Industrie 4.0: Hit or Hype? [Industry Forum].In: IEEE Industrial Electronics Magazine. Nr. 2, Jg. 8, 2014, S. 56-58

Gartner Inc. (o. J.)

o. V.: Service-Oriented Architecture (SOA). http://www.gartner.com/it-glossary/service-oriented-architecture-soa/, Abruf am 22.05.2016

Humm, Voss, Hess (2006)

Bernhard Humm, Markus Voss, Andreas Hess: Regeln Für Serviceorientierte Architekturen Hoher Qualität. In: Informatik-Spektrum. Nr. 6, Jg. 29, 2006, S. 395-411

Kaur, Harrison, West (2015)

Navjot Kaur, Robert Harrison,Andrew A. West: A Service-Oriented Approach to Embedded Component-Based Manufacturing Automation. In: IEEE (Hrsg.): International Conference on Industrial Technology (ICIT 2012), March 17-19, 2015, Seville, Spain, o.O. 2012, S. 2964-2969

Kothmayr u. a. (2014)

Thomas Kothmayr, Alfons Kemper, Andreas Scholz, Jörg Heuer: Machine Ballets Don't Need Conductors: Towards Scheduling-Based Service Choreographies in a Real-Time Soa for Industrial Automation. In: IEEE(Hrsg.): Proceedings of the IEEE Emerging Technology and Factory Automation (ETFA 2014), September 16 - 19, 2014. Barcelona, Spain, o.O. 2014, S. 1-6

Loskyll u. a. (2012)

Mathias Loskyl, Ines Heck, Jochen Schlick, Michael Schwarz: Context-Based Orchestration for Control of Resource-Efficient Manufacturing Processes. In: Future Internet. Nr.4, Jg. 4, 2012, S. 737-761

Maciá-Pérez u. a. (2011)

Francisco Maciá-Pérez, Francisco Mora-Gimeno, Diego Marcos-Jorquera, Juan Antonio Gil-Martínez-Abarca, Hector Ramos-Morillo, Iren Lorenzo-Fonseca: Network Intrusion Detection System Embedded on a Smart Sensor. In: IEEE Transactions on Industrial Electronics. Nr. 3, Jg. 53, 2011, S. 722-732

Mandl (2012)

Peter Mandl: Ist Soa Obsolet?--Eine Kritische Betrachtung. In: PIK-Praxis der Informationsverarbeitung und Kommunikation. Nr. 2, Jg. 35, 2012, S. 119-123

Mendes, Leitao, Colombo (2011)

J. Marco Mendes, Paulo Leitao, Armando W. Colombo: Service-Oriented Computing in Manufacturing Automation: A Swot Analysis. In: IEEE (Hrsg.): 9th IEEE International Conference on Industrial Informatics, July 26 - 29, 2011. Caparica, Lisbon, Portugal, o.O. 2011, S. 346-351

21

Newman, Kotonya (2015)

Peter Newman, Gerald Kotonya: A Resource-Aware Framework for Resource-Constrained Service-Oriented Systems. In: Future Generation Computer Systems. Jg. 47, 2015, S. 161-175

Pereira u. a. (2013)

Pablo Punal Pereira, Jens Eliasson, Rumen Kyusakov, Jerker Delsing, Asma Raayatinezhad, Mia Johansson: Enabling Cloud Connectivity for Mobile Internet of Things Applications.In: IEEE (Hrsg.): 7th International Symposium on Service Oriented System Engineering (SOSE 2013), March 25 - 28, 2013; Redwood City, California, USA. o.O. 2013, S. 518-526

Popescu (2015)

Gheorghe H. Popescu: The Economic Value of the Industrial Internet of Things. In: Psychosociological Issues in Human Resource Management. Jg. 3, 2015, S. 86-91

Posada u. a. (2015)

Jorge Posada, Carlos Toro, Inigo Barandiaran, David Oyarzun, Didier Stricker, Raffaele de Amicis, Eduardo B. Pinto, Peter Eisert, Jürgen Döllner, Ivan Vallarino: Visual Computing as a Key Enabling Technology for Industrie 4.0 and Industrial Internet. In: IEEE Computer Graphics and Applications. Nr. 2, Jg. 35, 2015, S. 26-40

Rodrigues u. a. (2011)

Douglas Rodrigues, Rayner de Melo Pires, Julio Cezar Estrella, Emerson Alberto Marconato, Onofre Trindade Junior, Kalinka Regina Lucas Jaquie Castelo Branco: Using Soa in Critical-Embedded Systems. In: IEEE (Hrsg.): International Conference on Internet of Things and Cyber, Physical and Social Computing (iThings/CPSCom 2011), October 19 - 22, 2011, Dalian, China. o.O. 2011, S. 733-738

Schreiber u. a. (2013)

Daniel Schreiber, Kris Luyten, Max Mühlhäuser, Oliver Brdiczka, Melanie Hartman 2013: Introduction to the Special Issue on Interaction with Smart Objects. In: ACM Transactions on Interactive Intelligent Systems. Nr. 2, Jg. 3, 2013, S. 1-4

Spath u. a. (2013)

Dieter Spath, Oliver Ganschar, Stefan Gerlach, Moritz Hämmerle, Tobias Krause, Sebastian Schlund: Produktionsarbeit Der Zukunft-Industrie 4.0. Stuttgart 2013

Starke, Kunkel, Hahn (2013)

Günther Starke, Thomas Kunkel, Daniel Hahn: Flexible Collaboration and Control of Heterogeneous Mechatronic Devices and Systems by Means of an Event-Driven, Soa-Based Automation Concept. In: IEEE International Conference on Industrial Technology (ICIT 2013), February 25 - 28, 2013, Cape Town, South Africa. o.O. 2013 , S. 1982-1987

Villaseñor u. a. (2011)

Vladimir Villaseñor Herrera, Axel Vidales Ramos, José L. Martínez Lastra: An Agent-Based System for Orchestration Support of Web Service-Enabled Devices in Discrete Manufacturing Systems. In: Journal of Intelligent Manufacturing. Nr. 6, Jg. 23, 2011, S.. 2681-2702

Wan, Alagar (2011)

Kaiyu Wan, Vangalur Alagar: Dependable Context-Sensitive Services in Cyber Physical Systems. In: IEEE (Hrsg.): 10th International Conference on Trust, Security and Privacy in Computing and Communications, November 16 - 18, 2011, Changsha, China. o.O. 2011, S. 687-694

Wiesmüller (2014)

Michael Wiesmüller: Industrie 4.0: surfing the wave?. In: Elektrotechnik und Informationstechnik. Nr. 131, Jg. 7, 2014, S.197

Xu, Yang, Yang (2013)

Ran Xu, Lili Yang, Shuang-Hua Yang: Architecture Design of Internet of Things in Logistics Management for Emergency Response. In: IEEE (Hrsg.): International Conference on Green Computing and Communications (GreenCom 2013), International Conference on Internet of Things (iThings 2013), International Conference on Cyber, Physical and Social Computing (CPSCom 2013), August 20 - 23, 2013, Beijing, China. o.O. 2013, S. 395-402

Yue u. a. (2015)

Xuejen Yue, Hu Cai, Hehua Yan, Caifeng Zou, Keliang Zhou: Cloud-Assisted Industrial Cyber-Physical Systems: An Insight. In: Microprocessors and Microsystems. Nr. 8, Jg, 39, 2015, S.. 1262-1270

Zhang u. a. (2011)

Yingfeng Zhang, T. Qu, Oscar K. Ho, George Q. Huang: Agent-Based Smart Gateway for RFID-Enabled Real-Time Wireless Manufacturing. In: International Journal of Production Research. Nr. 5, Jg. 49, 2011, S. 1337-1352

Anhang

Anhang A: Verwendete Suchstrings für die systematische Literaturrecherche

Datenbank	Suchstring	Kommentar
EBSCOhost	((AB("service oriented" OR "service-oriented" OR "serviceoriented") OR TI("service oriented" OR "service-oriented" OR "serviceoriented") OR SU("service oriented" OR "service-oriented" OR "serviceoriented")) AND (AB(smart OR "smart industry" OR "smart industries" OR "smart factory" OR "smart production" OR "smart logistics" OR "smart objects" OR "smart mobility" OR "embedded systems") OR TI(smart OR "smart industry" OR "smart industries" OR "smart factory" OR "smart production" OR "smart logistics" OR "smart objects" OR "smart mobility" OR "embedded systems") OR SU(smart OR "smart industry" OR "smart industries" OR "smart factory" OR "smart production" OR "smart logistics" OR "smart objects" OR "smart mobility" OR "embedded systems"))) AND (DT > 20110101 AND DT < 20161231)	
IEEEXplore	(("Abstract":"service oriented" OR "Abstract":"service-oriented" OR "Abstract":"serviceoriented") OR ("Document Title":"service oriented" OR "Document Title":"service-oriented" OR "Document Title":"serviceoriented") OR ("Author Keywords":"service oriented" OR "Author Keywords":"service-oriented" OR "Author Keywords":"serviceoriented")) AND (("Abstract":smart OR "Abstract":"smart industry") OR ("Document Title":smart OR "Document Title":"smart industry") OR ("Author Keywords":smart OR "Author Keywords":"smart industry"))	Der Suchstring musste aufgrund der Schlagwortbegrenzung in vier unterschiedliche Suchstrings aufgeteilt werden. Verwendete Schlagworte: smart, „smart industry"

25

IEEEXplore	(("Abstract":"service oriented" OR "Abstract":"service-oriented" OR "Abstract":"serviceoriented") OR ("Document Title":"service oriented" OR "Document Title":"service-oriented" OR "Document Title":"serviceoriented") OR ("Author Keywords":"service oriented" OR "Author Keywords":"service-oriented" OR "Author Keywords":"serviceoriented")) AND (("Abstract":"smart production" OR "Abstract":"smart logistics") OR ("Document Title":"smart production" OR "Document Title":"smart logistics") OR ("Author Keywords":"smart production" OR "Author Keywords":"smart logistics"))	Der Suchstring musste aufgrund der Schlagwortbe-grenzung in vier unterschiedliche Suchstrings aufge-teilt werden. Verwendete Schlagworte: „smart produc-tion", „smart lo-gistics"
IEEEXplore	(("Abstract":"service oriented" OR "Abstract":"service-oriented" OR "Abstract":"serviceoriented") OR ("Document Title":"service oriented" OR "Document Title":"service-oriented" OR "Document Title":"serviceoriented") OR ("Author Keywords":"service oriented" OR "Author Keywords":"service-oriented" OR "Author Keywords":"serviceoriented")) AND (("Abstract":"smart objects" OR "Abstract":"smart mobility") OR ("Document Title":"smart objects" OR "Document Title":"smart mobility") OR ("Author Keywords":"smart objects" OR "Author Keywords":"smart mobility"))	Der Suchstring musste aufgrund der Schlagwortbe-grenzung in vier unterschiedliche Suchstrings aufge-teilt werden. Verwendete Schlagworte: „smart objects", „smart mobility"
IEEEXplore	(("Abstract":"service oriented" OR "Abstract":"service-oriented" OR "Abstract":"serviceoriented") OR ("Document Title":"service oriented" OR "Document Title":"service-oriented" OR "Document Title":"serviceoriented") OR ("Author Keywords":"service oriented" OR "Author Keywords":"service-oriented" OR "Author Keywords":"serviceoriented")) AND ("Abstract":"embedded systems" OR "Document Title":"embedded systems" OR "Author Keywords":"embedded systems")	Der Suchstring musste aufgrund der Schlagwortbe-grenzung in vier unterschiedliche Suchstrings aufge-teilt werden. Verwendete Schlagworte: „embedded sys-tems"

ProQuest	((AB("service oriented" OR "service-oriented" OR "serviceoriented") OR TI("service oriented" OR "service-oriented" OR "serviceoriented") OR SU("service oriented" OR "service-oriented" OR "serviceoriented")) AND (AB(smart OR "smart industry" OR "smart industries" OR "smart factory" OR "smart production" OR "smart logistics" OR "smart objects" OR "smart mobility" OR "embedded systems") OR TI(smart OR "smart industry" OR "smart industries" OR "smart factory" OR "smart production" OR "smart logistics" OR "smart objects" OR "smart mobility" OR "embedded systems") OR SU(smart OR "smart industry" OR "smart industries" OR "smart factory" OR "smart production" OR "smart logistics" OR "smart objects" OR "smart mobility" OR "embedded systems"))) AND (YR(>=2011) AND YR(<=2016))	
ACM DL	((recordAbstract:"service oriented" OR recordAbstract:"service-oriented" OR recordAbstract:"serviceoriented") OR (acmdlTitle:"service oriented" OR acmdlTitle:"service-oriented" OR acmdlTitle:"serviceoriented") OR (keywords.author.keyword:"service oriented" OR keywords.author.keyword:"service-oriented" OR keywords.author.keyword:"serviceoriented")) AND ((recordAbstract:smart OR recordAbstract:"smart industry" OR recordAbstract:"smart industries" OR recordAbstract:"smart factory" OR recordAbstract:"smart production" OR recordAbstract:"smart logistics" OR recordAbstract:"smart objects" OR recordAbstract:"smart mobility" OR recordAbstract:"embedded systems") OR (acmdlTitle:smart OR acmdlTitle:"smart industry" OR acmdlTitle:"smart industries" OR acmdlTitle:"smart factory" OR acmdlTitle:"smart production" OR acmdlTitle:"smart logistics" OR acmdlTitle:"smart objects" OR acmdlTitle:"smart mobility" OR acmdlTitle:"embedded systems") OR (keywords.author.keyword:smart OR keywords.author.keyword:"smart industry" OR keywords.author.keyword:"smart industries" OR keywords.author.keyword:"smart factory"	

	OR keywords.author.keyword:"smart production" OR keywords.author.keyword:"smart logistics" OR keywords.author.keyword:"smart objects" OR keywords.author.keyword:"smart mobility" OR keywords.author.keyword:"embedded systems"))
ScienceDirect	(tak("service oriented" OR "service-oriented" OR "serviceoriented") AND tak(smart OR "smart industry" OR "smart industries" OR "smart factory" OR "smart production" OR "smart logistics" OR "smart objects" OR "smart mobility" OR "embedded systems")) AND (pub-date > 20110101 AND pub-date < 20161231)
AISeL	(abstract:("service oriented" OR "service-oriented" OR "serviceoriented") OR title:("service oriented" OR "service-oriented" OR "serviceoriented") OR subject:("service oriented" OR "service-oriented" OR "serviceoriented")) AND (abstract:(smart OR "smart industry" OR "smart industries" OR "smart factory" OR "smart production" OR "smart logistics" OR "smart objects" OR "smart mobility" OR "embedded systems") OR title:(smart OR "smart industry" OR "smart industries" OR "smart factory" OR "smart production" OR "smart logistics" OR "smart objects" OR "smart mobility" OR "embedded systems") OR subject:(smart OR "smart industry" OR "smart industries" OR "smart factory" OR "smart production" OR "smart logistics" OR "smart objects" OR "smart mobility" OR "embedded systems"))